CONSULTATION

NI JESUITIQUE, NI GALLICANE, NI FÉODALE,

EN RÉPONSE

A LA CONSULTATION RÉDIGÉE PAR Me DUPIN,

EN DATE DU 1er DE CE MOIS.

> A son gré que chacun professe,
> Le culte de sa déité ;
> Qu'on puisse aller même à la messe,
> Ainsi le veut la liberté.
> (*Ma république.* BÉRANGER.)

CONSULTATION

NI JÉSUITIQUE, NI GALLICANE, NI FÉODALE,

EN RÉPONSE

A LA CONSULTATION RÉDIGÉE PAR Me DUPIN [1],

EN DATE DU 1er DE CE MOIS.

Les conseils soussignés,

Vu 1° le volume intitulé : Mémoire à consulter sur un système politique et religieux, tendant à renverser la religion, la société et le trône, publié par M. le comte de Montlosier en février 1826;

2° La dénonciation présentée de fait par M. le comte de Montlosier, le 16 juillet dernier à la Cour royale de Paris;

3° Enfin, le volume in-8° qu'il vient de publier à l'appui;

4° La consultation de Me Dupin adressée à M. de Montlosier, le 1er de ce mois.

---

(1) Les jurisconsultes qui donnent leur signature à une consultation ne donnent ordinairement leur adhésion qu'aux résolutions prises par le rédacteur, sans adopter ses considérations *philosophiques* ou *historiques*; convaincus que c'est ce qui est arrivé lors de la consultation rédigée par Me Dupin, les conseils soussignés ne s'adressent qu'à Me Dupin.

Sans être consultés par le comte de Montlosier en personne,

Sont de l'avis qui suit :

Il existe en France un parti dont le caractère général est de s'opposer à la marche progressive de la société. L'accroissement continuel de l'industrie et des lumières qui favorise la liberté, et la réaction de la liberté sur l'industrie et les lumières; la prospérité de l'état social toujours plus grande à une époque qu'aux époques précédentes; les améliorations que la France doit à sa révolution; les étonnans progrès de l'Amérique sous l'influence des idées nouvelles, sont des faits que les hommes de ce parti ne voient point ou ne veulent pas voir. Ils s'entendent tous pour vanter les avantages du temps passé sur le temps présent, et veulent nous retenir, ou nous ramener, aux anciennes idées, aux anciennes mœurs, aux anciennes institutions. Mais ces hommes se divisent selon qu'ils attendent plus de profit de certaines institutions ou de certaines doctrines. Les uns veulent ramener la féodalité, les autres la prédominance parlementaire.

Enfin il en est qui cherchent à dominer au nom de Dieu.

M. de Montlosier passe sous silence les menées des hommes féodaux: il ne parle pas non plus de celles des parlementaires; il sent qu'il a besoin de son bailli ou de son sénéchal pour faire rentrer dans l'obéissance son curé qui veut dominer ; et la faction qu'il redoute, celle du clergé, est la seule qu'il dénonce, *ès noms et qualités de gentilhomme et d'ancien serviteur du roi et de la royauté*, etc.

Il accuse cette faction de professer ouvertement les doctrines ultramontaines et d'avoir le projet d'envahir le pouvoir civil ; il l'accuse en outre d'employer comme moyens: 1° des congrégations religieuses et politiques répandues dans toute la France ; 2° divers établissemens de jésuites.

Nous sommes d'accord en fait avec M. de Montlosier sur l'existence des doctrines, des projets et des moyens d'exécution qu'il signale; mais, s'il redoute la faction ecclésiastique comme une ennemie de la religion et du trône, nous la redoutons comme une ennemie acharnée de tous progrès en industrie, en morale, et de tout ce qui mène à l'indépendance de pensée qui chaque jour détruit les préjugés sur lesquels elle veut asseoir sa domination.

La manière différente d'envisager le danger que fait courir cette faction entraîne nécessairement une différence dans la nature des moyens propres à y porter remède. Tandis que M. de Montlosier, *comme gentilhomme et serviteur*, tâche de persuader à la société de chercher un abri contre la domination ecclésiastique dans une autre domination, nous, comme citoyens, nous croyons qu'il est des remèdes moins dangereux.

M. de Montlosier veut que le pouvoir judiciaire intervienne pour :

1° Dissoudre les congrégations ;

2° Détruire divers établissemens de jésuites ;

3° Prohiber la profession des doctrines ultramontaines ;

4° Arrêter l'envahissement du pouvoir civil par le parti-prêtre.

Il a consulté les avocats sur les moyens que la législation pouvait fournir pour arriver à ce but. Me Dupin lui a répondu par une consultation en date du 1er août dernier, que *la dénonciation et l'instruction qui doit s'établir à la suite doivent se concentrer principalement sur les deux premiers chefs*. Nous allons examiner les résolutions prises par cet avocat et les motifs qui les ont déterminées.

Congrégations.

M. de Montlosier demandait à Me Dupin de quoi condamner les congrégations qu'il redoute. L'avocat lui a donné une panacée universelle contre toute espèce d'association. Quel que soit le but de l'association, quel que soit le bien que le public puisse en retirer, M. de Montlosier a maintenant entre les mains de quoi la faire condamner. En effet, *à Rome, dit Me Dupin, dont les lois sont en grande partie devenues les nôtres, et dont on ne peut nier que la police admirable ne se conciliât parfaitement avec la liberté poli-*

tique et la liberté civile, on trouve des règles dont la sagesse ne saurait être contestée.

Me Dupin n'avance rien qu'il ne prouve, et pour qu'on ne puisse pas contester la sagesse des règles qu'il invoque, il renvoie au procès fait à la congrégation religieuse des Bacchanales, l'an de Rome 566, où, au rapport de Tite-Live, on tua plus qu'on n'emprisonna les membres de cette congrégation (*Plures necati sunt quàm in vincula conjecti*).

Le décret qui suivit ces exécutions est aussi un rude argument contre les associations, car il prescrivait que ceux qui croiraient ne pouvoir s'abstenir sans remords de sacrifier selon leur culte, pourraient en obtenir la faculté en s'adressant au préteur et avec la permission du sénat, pourvu toutefois qu'il n'y eût que cinq personnes présentes au sacrifice, qu'il n'y eût pas de fonds commun ni de prêtre.

Sous l'empire comme sous la république, Rome persista dans ces règles dont la sagesse font l'admiration de Me Dupin. On peut se faire une idée de la répugnance des empereurs pour toute association en lisant une lettre de Trajan, [1]

(1) *Lettre de Pline à Trajan.*

Pendant que je visitais ma province, un incendie affreux a consumé à Nicomédie non-seulement plusieurs maisons particulières, mais même deux édifices publics, la maison de Ville et le temple d'Isis, quoique la rue fût entre deux. Ce qui a porté le feu si loin, c'est la violence du vent et la paresse du que Me Dupin ne cite pas, mais qui est une véritable lacune dans sa consultation.

Aucun collége, aucune corporation, aucune société ne pouvaient être fondés sans un sénatus-consulte, et plus tard, sans l'autorisation de César; les textes du digeste viennent en foule déposer sur ce point et de l'état de la législation romaine et de l'érudition de notre célèbre confrère. C'est d'ailleurs l'opinion que Gaius a professée dans les Pandectes, *et le célèbre Brisson dans ses antiquités, lib.* 1, *cap.* 14, *a un chapitre*

---

peuple qui certainement dans un si grand désastre est demeuré spectateur oisif et immobile.... C'est à vous, seigneur, à examiner s'il serait bon d'établir une communauté de cent cinquante artisans; j'aurai soin que l'on n'en reçoive point qui ne soit de la qualité nécessaire, et que l'on n'abuse point de cette institution : et il ne sera pas en effet difficile de contenir un aussi petit nombre.

Réponse de Trajan à Pline.

Il vous est venu dans l'esprit qu'on pouvait établir une communauté d'artisans (c'était une communauté de gens destinés à donner du secours dans les incendies. *Note de la traduction de Sacy*) à Nicomédie, à l'exemple de plusieurs autres villes. Mais n'oublions pas que cette province et principalement les villes ont été fort troublées par ces sortes de communautés. Quelque nom que nous leur donnions, quelque raison que nous ayons de former un corps de plusieurs personnes, il se fera des assemblées, quelque courtes qu'elles soient. Il est donc plus à propos de se munir de tout ce qui est nécessaire pour éteindre le feu, d'avertir les maîtres des maisons d'y prendre soigneusement garde, et de se servir des premiers qui se présenteront quand le besoin le demandera.

Lettres XLII et XLIII, livre X des lettres de Pline. Traduction de Sacy.)

intitulé : Collegia illicita quibus legibus, senatusconsultis, constitutionibusque coerceantur.

On ne saisit peut-être pas tout de suite la puissance de ces argumens, et on doute qu'une association ou une congrégation fût foudroyée aux yeux du public par un arrêt de la Cour royale motivée sur ce que le célèbre Brisson a un chapitre sous le titre que nous venons de rapporter; mais ces argumens doivent avoir une force secrète bien puissante, car ils portent dans l'esprit de Me Dupin une conviction si entière, ils lui inspirent une si vive antipathie contre toute association qui n'a pas la permission de l'autorité, qu'il ne fait pas même une exception en faveur de l'association des premiers chrétiens qui se réunissaient sans le bon plaisir des empereurs. Cependant sans ces premières associations *illicites*, par lesquelles la foi s'est communiquée des apôtres à un petit nombre d'indivdus, de ceux-ci à un plus grand nombre, à la masse et enfin aux empereurs, Me Dupin serait encore dans les ténèbres de l'idolâtrie au lieu d'être en état de grace, à moins d'un miracle spécial en sa faveur, ce qui n'est pas probable; bien plus, la révélation n'aurait pas même eu lieu, car l'association de Jésus avec ses disciples n'a été et ne pouvait être autorisée par *aucun* sénatusconsulte ou rescrit de *César*. Me Dupin est bon catholique, on ne peut pas le nier sans lui donner un démenti; comment donc peut-il admirer *la sagesse* de lois qui, si elles eussent été observées, auraient apporté un obstacle invincible à la propagation de la parole divine, à l'accomplissement de tant de saintes prophéties, et l'auraient privé lui-même du bonheur qu'il doit priser au-dessus de tous les autres?

Me Dupin ne serait-il donc pas toujours le même? compterait-on plusieurs personnes en lui? le catholique, l'homme du digeste......

C'est une question sur laquelle nous ne sommes pas consultés.

Après la législation romaine, vient la législation antérieure à la révolution.

« *Domat ne distingue pas*, dit Me Dupin, *il n'excuse pas les associations par le motif plus ou moins louable qui a présidé à leur formation; quelles qu'elles soient, pour quelque usage que ce puisse être, il faut la permission de l'autorité publique.* »

Et pourquoi? se demande Me Dupin.

On pourrait croire que Me Dupin, pour se rendre raison de la proposition de Domat, va se livrer à l'examen des bons et des mauvais effets que l'on doit attendre de la défense ou de la liberté d'association; mais ne pas croire Domat sur parole est déjà une assez grande audace; un tel examen sentirait l'école philosophique; Me Dupin est incapable de tomber dans une pareille faute; il ouvre un dictionnaire d'arrêts, et il trouve d'une manière bien plus facile *la vraie raison dans les conclusions de M. l'avocat-général Joly de Fleury prises lors de l'arrêt du* 18 *avril* 1760 : *c'est que, dans l'État, toute assemblée particulière qui n'est point autorisée par le souverain, donne lieu à des soupçons légitimes que l'autorité publique a intérêt de vérifier, et présente toujours une matière ouverte à des inquiétudes qu'il est du bon ordre d'écarter.*

Viennent ensuite un mandement de Philippe-le-Bel, renouvelé du sénatus-consulte contre les bacchanales, qui défend toute congrégation de plus de cinq personnes, sous quelque forme ou simulation que ce soit; puis une foule de réglemens, d'ordonnances, de lettres, de déclarations, d'arrêts, et les citations de Suéton, de Févret, d'Alciat et de M. Billecocq.

Enfin, Me Dupin arrive à la révolution et aux lois impériales où il s'arrête. Il conclut de la loi du 18 août 1792, d'un décret du 22 juin 1804 et des articles 291 et 292 du Code pénal, que :

1° *Toute association ayant un but ou prétexte religieux, et qui n'a pas été légalement autorisée, doit être dissoute ;*

2° *C'est à l'autorité judiciaire qu'il appartient de poursuivre cette dissolution par le ministère des procureurs généraux.*

Me Dupin soupçonne qu'une telle conclusion et les motifs qu'il en donne, peuvent effaroucher *quelques amis de la liberté qui, avec plus d'enthousiasme que de réflexion, revendiquent pour les citoyens le droit illimité de se former en associations*. Mais avec un mot du Digeste, il va dissiper toutes leurs craintes passées, présentes et futures ; il lui suffit de rappeler la définition de la liberté qui se trouve au livre quatrième des Pandectes, *de statu hominum ; libertas est naturalis facultas ejus, quod cuique facere libet, nisi si quid jure prohibetur ;* c'est-à-dire en français, comme le traduit *le journal du Commerce : la liberté consiste à pouvoir faire ce qu'il plaît au pouvoir.*

La science est une belle chose, surtout celle du *corpus juris*. Que de haines, de dissensions, de révoltes, de guerres et de massacres faute de savoir le *corpus juris*, ou d'avoir un sage qui en rappelle les oracles! Quel malheur pour les féodaux, les parlementaires et les jésuites, que Me Dupin n'ait pas été docteur en 89; la révolution ne se serait pas faite: il aurait été au-devant de la foule qui courait à la prise de la Bastille, et l'aurait infailliblement arrêtée en lui disant: « Citoyens, *quid agitis*, vous vous « plaignez de n'être pas libres parce que vous « payez des impôts arbitraires qui servent de « dot à des courtisanes et à des favoris de « toute espèce, parce que des corporations, des « priviléges et des douanes entravent votre in« dustrie, parce que l'enseignement est le mo« nopole des prêtres, *sacerdotum*, que la mani« festation de la pensée est restreinte par la pro« hibition des associations, et sous la verge du

« pouvoir ; revenez de votre erreur, vous êtes « libres, car vous pouvez faire tout ce qui vous « plaît, excepté ce qui vous est défendu ; ren- « trez donc chez vous, *in domos vestras, et* « souvenez-vous, *mementote,* que la liberté est « *naturalis facultas ejus, quod cuique facere* « *libet, nisi si quid jure prohibetur.* »

Aujourd'hui même pourquoi Me Dupin n'arrête-t-il pas l'effusion du sang qui arrose le sol de la Grèce, en adressant un discours à peu près semblable aux descendans d'Eschine et de Démosthènes, cela lui serait si facile : *libertas... prohibetur.* Me Dupin hésiterait-il parce que les Grecs ne sont pas de sa religion ! mais ils sont hommes, quoiqu'ils ne soient pas *catholiques, apostoliques, romains et gallicans.*

Certes, la science du *corpus juris* est bien au-dessus de toutes celles que l'on voulait apprendre au *Bourgeois-gentilhomme,* puisque par elle les hommes doivent se trouver délivrés de tant de querelles sanglantes et qu'ils atteignent la stoïque vertu d'Épictète en apprenant à être libres dans les fers.

Ne fera-t-on jamais justice d'une pareille manière d'argumenter? et faut-il que la méthode scholastique du moyen âge qui nous paraît si dérisoire dans une matière où cependant les argumens ne peuvent être fondés que sur le témoignage des hommes, soit encore reçue en matière de législation sans exciter le ridicule et le mépris.

La police *admirable* de Rome n'est pas la nôtre. Il ne s'agit plus de retenir les esclaves dans les fers, les plébéiens dans les liens du patronage, de garantir contre l'introduction d'un nouveau culte, des pontifes, des augures hypocrites et une foule fanatique.

Les institutions *si sages* de nos pères nous sont également étrangères. Il ne s'agit plus de garder des vassaux attachés à la glèbe, de retenir le tiers-état dans l'humiliation, ni d'entretenir l'ignorance et l'isolement, base nécessaire à un vaste échafaudage de priviléges et d'usurpations.

La prospérité de tous par le libre développement des facultés physiques et intellectuelles est désormais le but des institutions sociales, tel que l'a proclamé la révolution de 89, tel qu'il a été stipulé dans le pacte de 1814, promis et accepté en compensation de vingt ans de guerre et de l'invasion de notre territoire.

Il faut donc regarder comme indignes d'une attention et d'une réfutation sérieuses toute argumentation qui repose sur les doctrines et les institutions des générations qui ne sont plus, puisque leur état social est en contradiction avec le nôtre. C'est d'après les besoins de la société actuelle et les lois que ces besoins ont déterminées qu'il faut raisonner en matière de législation, et que nous avons cherché à former notre opinion sur la question des congrégations et les autres questions qui font l'objet de cette consultation.

Les congrégations doivent-elles être dissoutes? ou, pour en revenir aux termes de la conclusion de Me Dupin, *toute association ayant un but ou prétexte religieux, et qui n'a pas été légalement autorisée doit-elle être dissoute?*

La communauté de doctrines, d'opinions, d'intérêts, de projets, est un fait contre lequel les lois ne peuvent rien. Les édits des empereurs n'ont pas fait que les chrétiens ne crussent à la révélation, ni les persécutions contre les protestans qu'il n'y eût des chrétiens qui suivissent la doctrine de Luther ou de Calvin.

Mais les hommes entre lesquels existe cette communauté d'idées éprouvent le besoin de se communiquer leurs pensées, de discuter leurs doutes, de faire partager leur opinion, d'agiter les moyens les plus propres à assurer l'application de leurs idées; car il n'est point d'idée, même celle qui paraît la plus étrangère aux choses de ce monde, qui ne mène à une action. L'association, ou la congrégation résulte des actes par lesquels s'établit cette communication; de là plusieurs degrés d'association ou de congrégation. Il y a congrégation entre des hommes qui vivent ensemble dans tous les momens de leur vie, ou qui se rassemblent fréquemment et ont une organisation qui les retient réunis; il y a encore congrégation entre des hommes qui se contentent de correspondre entre eux, de faire des fonds pour la publication de certains livres, d'user de leur influence pour écarter de l'administration ceux qui n'ont ni leurs doctrines, ni leurs intérêts.

Nul doute que toute association, quelle qu'elle soit, n'augmente de beaucoup l'influence d'une doctrine. Les hommes d'une même opinion, isolés les uns des autres, restent sous le poids d'une foule d'incertitudes, sans moyens de faire des progrès, sans moyens de prosélytisme ni d'action. Réunis, ils arrivent à la perfection que comporte leur doctrine, ainsi qu'à la plus grande somme des forces qui peuvent la répandre et la faire prévaloir. Les associations, les congrégations sont donc en général un puissant moyen de perfectionnement, puisqu'elles activent l'esprit de l'homme, mûrissent ses idées, et multiplient ses forces.

Puisque l'association est un moyen de multiplier ses forces, une *police* qui a pour but la conservation de priviléges, d'usurpations et de pratiques religieuses, est *admirable*, en empêchant toute association de la part de ceux qui sont opposés d'opinions et d'intérêts à ces priviléges, à ces usurpations et à ces pratiques. Ainsi à Rome, où il y avait des esclaves et des maîtres, des plébéiens et des patriciens, des cultes proscrits et des cultes adoptés par l'état, la *police* pouvait être *admirable* en proscrivant toute association qui aurait pu contrebalancer l'association du *patriciat*, celle du *pontificat*, ou celle des maîtres. De même en France avant la révolution, où il y avait des serfs et des seigneurs, un tiers-état et une noblesse, des contribuables, et des maîtresses et des courtisans, toute liberté religieuse proscrite et une religion de l'état, la *police* pouvait être *admirable*, en proscrivant toute association capable d'apporter quelque obstacle aux associations dominantes. Car il faut remarquer qu'il n'y a point de *police* au monde qui ne repose sur une association. Toute défense de s'associer équivaut donc à celle de laisser sans contrôle l'association qui intime la défense.

Par la même raison, ceux qui craignent les priviléges et les usurpations commettent un acte de démence en réclamant la prohibition des associations, car, pour se défendre du surcroît de forces qu'un petit nombre d'hommes désireux de priviléges et d'usurpations peut retirer de son association, ils se privent des forces qu'ils tireraient de l'association de la majorité. Par exemple, s'il est vrai qu'en France les congrégations que l'on attaque ont pour objet de rétablir les priviléges et les pratiques superstitieuses détruits par la révolution, les partisans de cette révolution qui forment la majorité, en attaquant les associations tendent à se priver d'une faculté qui en définitive doit profiter à eux-mêmes.

Que l'on n'objecte pas qu'il serait à désirer que ceux qui ont des doctrines et des vues conformes au bien public formassent seuls des associations. Qui en serait le juge? le gouvernement. Ainsi l'association de ceux qui vote l'impôt, de ceux qui en profitent, de ceux qui ont le pouvoir demeurera sans rivale; et si ces hommes ont des vues contraires au bien public, ou s'ils sont intimidés, séduits par l'association impossible à anéantir de ceux qui désirent des priviléges et des usurpations, les prohibitions contre les associations n'apporteront d'obstacle qu'à l'association des amis du bien public. Il en est de la liberté d'association comme de la liberté de la presse qui est détruite dès qu'on cherche à mettre obstacle à ses inconvéniens en la soumettant à la censure. Ses inconvéniens disparaissent devant ses avantages quand elle est laissée à elle-même.

La liberté d'association étant toujours dans l'intérêt du grand nombre, nous déclarons que, quelle que soit la législation, la dénonciation au pouvoir judiciaire d'une association, en tant qu'association, ne nous paraît pas plus louable que la dénonciation d'une infraction à la loi sur la censure.

Mais examinons l'état de cette législation.

La loi du 18 août 1792, dit Me Dupin, a proscrit toute espèce de corporation et de congrégation.

L'assemblée constituante avait enlevé à cette multitude de couvens qui couvraient la France, les biens immenses qu'ils tenaient de la superstition des générations précédentes; elle avait en même temps prononcé la dissolution des ordres monastiques, pour rendre leurs membres à la vie active, et ne pas les laisser enrégimentés, tout prêts à servir les projets des anciens privilégiés.

Mais il restait encore une foule de congrégations séculières et de confréries qui se rapprochaient plus ou moins des ordres monastiques, telles que celles des *Mulotins*, des *Eudistes*, des *Bonics*, des *Trouillardistes*, des *Frères Ermites*, des *Vertelottes*, des *Pénitens de toutes couleurs*; ces confréries ou congrégations, ainsi que toutes autres associations de piété ou de charité, furent déclarées éteintes et supprimées par la loi du 18 août 1792.

Les congrégations, que la loi de 92 a voulu atteindre, étaient seulement des réunions d'individus vivant en communauté sur une dotation commune ou sur un fonds commun de toute autre nature; pour en être convaincu il suffit de lire l'énumération des corporations dont cette loi prononce la suppression, et les mesures qu'elle adopte pour indemniser les membres de ces corporations de la privation de leurs biens communs.

Comment appliquer cette loi à une association composée d'individus de tous sexes, de tous états, vivant chacun chez eux, non d'un fonds commun ou d'une dotation, à moins que l'on ne veuille qualifier ainsi le budget, disséminés sur toute la France, n'ayant point d'autres lieux de réunion que leurs salons, leurs bureaux, ou la sacristie; à une association qui résulte de la communauté d'opinions, de confidences par lesquelles on apprend à connaître ceux à qui on peut se confier, d'une correspondance pour donner une direction uniforme aux influences personnelles et d'autres faits de même nature?

On ne peut comprendre une telle association dans la loi de 92, que par une interprétation forcée et en contradiction avec toutes les lois des assemblées législatives de cette époque. Une telle interprétation est démentie par toutes les autres lois d'une manière implicite, mais elle l'est expressément par l'article de la constitution de 92, qui reconnaît aux citoyens *la liberté de s'assembler paisiblement et sans armes, en satisfaisant aux lois de police.*

Une loi spéciale du 13 *novembre* 1790 avait proclamé la même liberté, en déclarant *que les citoyens ont droit de s'assembler paisiblement et de former entre eux des sociétés libres, à la charge d'observer les loisqui régissent tous les citoyens.*

Une autre loi du 19 *juillet* 1791, toujours fidèle au respect dû à la liberté de s'associer, n'impose d'autre obligation aux citoyens qui veulent former des sociétés que celle de déclarer le jour et le lieu de la réunion.

N'est-il pas dérisoire de prétendre qu'une législation qui permet aux citoyens de s'assembler en tel nombre, en tel lieu, en tel temps qu'ils veulent, pour s'occuper de tous les objets qu'ils veulent, leur défend en même temps de s'associer par voies de correspondances ou de réunions privées?

La législation de la convention, après la chute de la royauté, ne put pas augmenter la liberté de s'associer, mais elle encouragea les sociétés populaires, leur attribua même des pouvoirs dans l'état; le salut des législateurs était alors lié trop intimement à celui du peuple, la crise était trop terrible pour que le soin de la défense commune fût confié à d'autres qu'au peuple lui-même; les sociétés populaires étaient chargées de surveiller les administrations, de veiller à l'exécution des décrets de la convention : de leur sein sortaient les bataillons qui ont vaincu la coalition des rois.

Plus tard, lorsque, par la réaction des partis et des idées, les législateurs voulurent ramener le peuple à un système moins démocratique, ils le soumirent à un régime débilitant, dont l'effet fut de le livrer sans forces aux lois impériales. Les sociétés populaires furent interdites, toute espèce d'assemblée entourée de prohibitions, on en vint enfin à l'art. 291 du Code pénal, dont Me Dupin réclame l'application, et qui est ainsi conçu :

« Nulle association de plus de vingt person-
« nes dont le but sera de se réunir tous les
« jours, ou à certains jours marqués, pour s'oc-
« cuper d'objets religieux, littéraires, politiques
« ou autres, ne pourra se former qu'avec l'agré-

« ment du gouvernement, et sous les condi-
« tions qu'il plaira à l'autorité publique d'impo-
« ser à la société. »

Cet article prouve que la liberté de réunion illimitée d'après les lois de la constituante, devint nulle sous l'empire. Mais l'association, la congrégation n'a pas seulement lieu par voie de réunion, elle a aussi lieu, comme nous l'avons dit, au moyen de correspondances, de professions de foi, de promesses, etc. Il n'est rien dit de cette dernière espèce d'association : l'art. 291 y est totalement étranger.

Si dans la congrégation dénoncée par M. de Montlosier il n'y a pas de réunion *tous les jours ou à certains jours marqués*, de plus de vingt personnes, cette congrégation n'a rien à redouter de l'art. 291. Si, au contraire, ce qui n'est pas prouvé, ce qui même n'est pas avancé par M. de Montlosier, la congrégation a de semblables réunions, il lui suffit de mettre fin à ces réunions qui sont tout-à-fait indifférentes à son existence, ou seulement de diminuer le nombre des individus réunis, pour être pleinement à l'abri de l'art. 291. Bien plus, elle peut continuer impunément les réunions de plus de vingt personnes; qu'elle fasse par semaine une quête pour les pauvres, et les modiques amendes, qui forment la seule sanction de l'art. 291 seront payeés sans lui sien coûter.

Si Me Dupin reconnaissait que la congrégation n'a pas un caractère religieux, il n'y aurait plus de discussion entre nous sur ce chef; il serait évident que la congrégation n'est proscrite par aucune loi.

Aussi Me Dupin a-t-il soin de considérer la congrégation comme une congrégation religieuse, afin de la faire rentrer dans la prohibition générale du décret du 3 messidor an XII, qui résulte de ces termes:

« Seront pareillement dissoutes toutes autres « agrégations ou associations formées sous pré- « texte de religion et non autorisées. »

La déclaration de 1682 aurait-elle fait oublier la charte à Me Dupin, qui n'en dit mot et qui réclame l'application du décret de l'an XII? L'article 5 de la Charte ainsi conçu : *Chacun professe sa religion avec une égale liberté et obtient pour son culte la même protection*, contient une abrogation formelle du décret de l'an XII, et même de l'art. 291 du Code pénal, dans sa disposition sur les sociétés formées dans un but religieux.

En effet, supposons que l'on applique aux protestans le décret de l'an XII, par lequel toute association religieuse formée sans autorisation doit être dissoute, ou seulement l'art. 291 qui prohibe les réunions de plus de vingt personnes, qui osera soutenir qu'il y aurait liberté pour le culte protestant, *liberté égale* à celle dont jouit un autre culte, le culte catholique par exemple?

Si le culte protestant n'était pas libre, dans le cas où on lui appliquerait ces deux lois, un autre culte auquel on appliquerait aussi ces lois ne serait pas plus libre que lui. L'application du décret de l'an XII et de l'art. 291 est donc en pleine opposition avec la liberté des cultes et par conséquent avec l'art. 5 de la Charte.

Nous ne connaissons point de texte dans le *corpus juris* qui puisse établir le contraire.

Me Dupin pourrait dire, il est vrai, que le décret de l'an XII ne prohibe les associations religieuses que lorsqu'elles ne sont pas autorisées, et par conséquent qu'il n'y a qu'à obtenir l'autorisation pour qu'il y ait liberté, égale liberté pour tous les cultes; mais alors il faudrait qu'il donnât une définition de la Charte en rapport avec celle qu'il nous a donnée de la liberté, et qu'il dît : *la Charte est la garantie octroyée aux citoyens de n'obéir qu'aux décrets que le pouvoir a faits ou qu'il jugera à propos de faire.* Tant que cette définition n'aura pas été adoptée, nous persisterons à croire et à dire qu'une congrégation religieuse est hors de l'application du décret de l'an XII et de l'art. 291, et qu'une congrégation qui n'a pas un caractère religieux ne peut être attaquée que lorsqu'elle est dans le cas prévu par l'art. 291.

On n'a pas encore conseillé à M. de Montlosier de réclamer, contre ceux qu'il dénonce, l'application de l'art. 265 et suivans, sous la rubrique *associations de malfaiteurs*; si ce conseil lui est donné, nous examinerons.

La solution que nous avons donnée à la question relative à la légalité de la congrégation nous dispense d'examiner celle de savoir si les poursuites à diriger sont du ressort de l'autorité judiciaire.

Des Jésuites.

« 1° Plus de jésuites, comme corps de societé.

« 2° Paix aux jésuites vivant sous l'empire des « lois, comme sujets fidèles et simples citoyens.

« 3° Interdiction spéciale de se mêler en rien « de l'éducation publique.

« Voilà, dit Me Dupin, la législation antérieure « à la révolution. »

Heureusement ici pas de lois romaines à citer; pas de lois romaines à réfuter. La consultation de Me Dupin n'a point souillé de la rouille législative du peuple-roi le vernis féodal de la dénonciation du gentilhomme Montlosier. Toute la première partie est resplendissante du souvenir des arrêts gothiques des parlemens jansénistes, et des saints édits de nos rois pour lors sans confesseurs jésuites apparemment.

Il invoque aussi votre souvenir, Clément XIV, grand pape, vous qui, *ad perpetuam rei memoriam*, avez supprimé les jésuites : « *parce qu'il était à peu près impossible que, cette société subsistant, l'église pût jouir d'une paix véritable et permanente.* »

Mais, au fait, que nous importe à nous que l'église soit tranquille ou non? que nous importe que le général des jésuites chicane le pape sur son omnipotence? Qu'ils se battent, qu'ils se déchirent; quant à nous *impavidos ferient ruinæ.* De plus, nous soutenons avec plus d'un Père et autres gens, vrais saints, que la paix ne vaut rien pour l'église; la morale, et le dogme ne sont jamais si respectés que lorsque les partis se jettent à la tête d'énormes *in-folio.*

Pie VII, de sainte mémoire, a senti le mal de cette paix léthargique, et il a rétabli les jésuites! Bulle contre bulle; compensation. Celle de Pie VII est d'ailleurs la dernière législation du Vatican.

Quant aux arrêts des parlemens, qu'ils aient eu dans leur temps l'autorité de *la chose jugée* la plus solennelle, soit; mais d'après les lois romaines, les lois du moyen âge, les lois de l'empire, *la chose jugée ne régit que le passé:* c'est Me Dupin qui le dit. Ainsi, MM. du parlement, vos arrêts ne *sont plus que la voix de l'histoire.* Nous vous mettons hors de cause avec la bulle de Clément.

Mais nous voici à la *première loi de la matière:* c'est un édit de Louis XV, de novembre 1764, *scellé du grand sceau de cire verte, en lacs de soie rouge et verte.*

Louis XV, *de sa certaine science, pleine puissance et autorité royale, dit, statue, ordonne,*

« *veut et lui plaît*, qu'à *l'avenir la société de Jésus n'ait plus lieu dans son royaume, pays, terres et seigneuries de son obéissance ;* ce qui comprend la Navarre.

Il permit toutefois à ceux qui étaient dans ladite société de vivre *en particuliers* dans ses Etats, sous l'autorité spirituelle des ordinaires, etc. Disposition vraiment paternelle !

Un édit de Louis XVI (Me Dupin ne dit pas s'il a été *scellé du grand sceau de cire verte, en lacs de soie rouge et verte*) statue :

« Art. 2. Ils (les ci-devant jésuites) ne pour-« ront se réunir pour vivre plusieurs ensemble, « en société, *sous quelque prétexte que ce puisse « être.*

« Art. 3. Nous leur faisons expresses inhibi-« tions et défenses d'avoir ni entretenir aucun « commerce, ni aucune correspondance avec les « étrangers qui auraient été de ladite société et « compagnie, et surtout avec ceux qui auraient « eu ci-devant quelque autorité dans ladite société.

« Art. 6. Ne pourront néanmoins exercer les « fonctions de supérieurs de séminaires, de ré-« gens dans les colleges, ni autres relatives à l'é-« ducation publique. »

Enfin confirmant en partie les intentions vraiment gallicanes du parlement de Paris, Louis XVI, par un autre édit du 3 juin 1777 voulut : « que ceux qui voudraient exercer les « fonctions de vicaires dans les paroisses de cam-

« pagne ne pussent exercer lesdites fonctions sans « avoir préalablement fait leur soumission de « maintenir et professer les libertés de l'église « gallicane, et notamment les quatre articles de « la déclaration de 1682. »

Aucune loi postérieure n'a dérogé à cet ordre de choses, dit Me Dupin; autrement dit : tous ces édits ont force de loi. Mais c'est là la question.

Ne se pourrait-il pas que ces édits de la royauté absolue, aient été abrogés avec elle? . . . . . . Lisez la constitution de 91 qui renouvela la France : y voyez-vous de ces lois qui parquent les citoyens en classes; qui poursuivent certaines opinions religieuses? en voyez-vous qui interdisent à des hommes, dénommés plus ou moins bizarrement, de faire tout ce qui est permis aux autres hommes? Une foule d'articles viendraient protester contre les anciens édits des rois.

« Tous les citoyens étant égaux aux yeux de « la loi, sont également admissibles à toutes di- « gnités, places et emplois publics, selon leur « capacité, et sans autre distinction que celle de « leurs vertus et de leurs talens. » (Art. 6 de la déclar. des droits. § 1 du titre 1er de la constitution de 91).

Parmi les places et emplois publics il faut comprendre le professorat dans les maisons d'instruction, dans les colléges. Tous les citoyens sont admissibles à ces emplois; les jésuites sont compris parmi les citoyens, car la loi ne les excepte pas. Ils peuvent donc être instituteurs.

Les constitutions postérieures, la charte elle-même, sont dans le même esprit.

On peut donc conclure qu'en vertu de toutes les constitutions de la France, de la Charte elle-même, l'art. 6 de l'édit de 1764 est implicitement abrogé.

Et si les jésuites enseignent dans les séminaires avec l'autorisation de l'évêque, dans les autres colléges avec l'autorisation de l'université, vous n'avez rien à leur dire; vos dénonciations sont hors la loi et non pas eux. Et si vous trouvez leur morale perfide et corruptrice, retirez vos enfans de leurs mains; plus heureux encore si vous ne les leur avez jamais confiés!

Au nom de l'art. 2, viendrez-vous les accuser de vivre plusieurs ensemble. *sous quelque prétexte que ce puisse être?*

Comme citoyens dont l'autorité n'a pas le droit d'aller espionner la vie intérieure, les jésuites ont recouvré par la constitution de 91 la liberté de vivre plusieurs ensemble: et ce n'est pas l'assemblée constituante qui par sa loi du 14 septembre 1791 a voulu rendre la liberté à tous les infortunés, qu'une erreur, un fanatisme de jeunesse, l'avarice ambitieuse des familles féodales, avaient condamnés au cloître, qui a voulu limiter la liberté des citoyens au point de les empêcher de vivre plusieurs ensemble *sous quelque prétexte que ce soit.* Bien loin de là, elle a porté sur les sociétés civiques des lois qui depuis intimidèrent les gouvernemens et furent supprimées; la loi du 14 septembre 91 a seulement déclaré que la société ne reconnaissait plus de vœux religieux indissolubles.

Ainsi les jésuites peuvent vivre ensemble. Ils le peuvent d'autant plus, que rien ne les empêchant d'être professeurs, rien ne peut les empêcher de se trouver plusieurs, dans la même maison d'éducation.

Vainement leur opposez-vous la loi du 18 août 1792.

Elle supprime, il est vrai, les corporations ou congrégations religieuses, séculières, ecclésiastiques; elle interdit tout établissement monacal; elle supprime les costumes spéciaux des pénitens de toutes couleurs, et surtout le monopole de l'enseignement qu'avaient usurpé les corporations; mais elle ne défend pas à leurs membres de *vivre plusieurs ensemble sous quelque prétexte que ce soit.*

Il en est de même du décret du 3 messidor an XII. Il ordonne seulement la dissolution de certaines communautés qui s'étaient formées à l'instar des anciens couvens; ensuite il est inapplicable aux jésuites, parce qu'ils ne vivent pas en *communautés*, parce qu'ils n'élèvent pas de couvens; ils ont seulement établi des maisons d'éducation et des séminaires où ils enseignent, non pas comme jésuites, mais comme autorisés dans les formes légales.

Leur reprocherez-vous, au nom de l'art. 3, d'entretenir un commerce ou une correspondance avec les étrangers qui auraient été de leur société et surtout avec ceux qui auraient quelque autorité dans leur compagnie?

Qui ne voit que cet article est incompatible avec toutes les lois qui ont reconnu la liberté de la pensée? Qu'est-ce que c'est qu'une pensée qu'on ne peut communiquer à ses amis, à des hommes plus éclairés que soi? Le territoire d'un peuple est-il donc le territoire de la pensée; et cette espèce de douane intellectuelle ne fut-elle pas proscrite par la raison?

Comment d'ailleurs savez-vous que cette correspondance existe? A-t-on violé le secret des lettres? Et la haine des jésuites fera-t-elle anéantir tous les principes sociaux?

Vous me concéderez peut-être que les vrais principes ont pu pendant un temps abroger l'art. 3. Mais opposerez-vous l'article 207 du Code pénal?

Art. 207. *Tout ministre* d'un culte qui aura sur des questions ou matières religieuses entretenu une correspondance avec une *cour* ou *puissance étrangère*, sans en avoir préalablement informé le ministre du Roi chargé de la surveillance des cultes, sera pour ce seul fait puni d'une amende de 100 à 500 fr., et d'un emprisonnement d'un mois à deux ans.

D'abord cet article se restreint aux ministres des cultes, et chacun sait qu'on peut être jésuite sans être prêtre. Ensuite il faudrait constater des contraventions à cet article; enfin les contrevenans seuls pourraient être punis.

De plus, il n'y a aucune corrélation entre l'art. 3 de l'édit de 1764 et l'art. 207 du Code pénal. Le premier défend aux jésuites français des correspondances avec les jésuites étrangers ou expatriés; l'autre défend aux ministres d'un culte des correspondances avec des *cours* ou *puissances étrangères*. Et si le premier a été abrogé, ce n'est pas le second qui l'a pu faire revivre.

D'ailleurs cet art. 207 n'est-il pas en opposition formelle avec l'art. 5 de la Charte qui reconnaît la liberté des cultes? Quoi! un prêtre catholique, un ministre de la religion de l'Etat, ne pourra correspondre avec le chef de l'Eglise? Quoi! le chef visible du catholicisme, le chef de la religion des rois est-il en état continuel de suspicion? Votre culte est libre, mais vous ne pourrez correspondre avec le chef de votre culte: je me trompe, vous le pourrez, mais en informant le Ministre des cultes de votre correspondance afin qu'il viole le secret des lettres. Point d'inquisition religieuse, mais une inquisition civile. Sortirez-vous de là par une argutie? et direz-vous qu'il faut distinguer dans un pape deux personnes, celle d'un monarque *terrestre*, celle d'un monarque spirituel; et que la loi défend de correspondre avec la puissance terrestre, mais non avec la puissance *spirituelle* du pape?

Reconnaissons donc qu'on ne peut attaquer les jésuites ni pour violation de l'art. 3 de l'édit de 1764, qui est abrogé, ni pour violation de l'art. 207 du Code pénal, qui ne peut avoir d'application dans la circonstance; la Charte lui oppose son *veto*.

Mais ils sont ultramontains! mais ils n'enseignent pas la déclaration de 1682! crime horrible et qui mérite examen à part.

En résumé sur les Jésuites:

L'ancienne législation personnelle contre les jésuites est abolie : on ne peut plus les accuser de contravention à des lois qui n'existent plus.

Quant à la législation d'août 92 et de messidor de l'an XII, elles ne proscrivent à tort ou à raison que les communautés, couvens, ou maisons qui ont des réglemens, des pratiques, des vœux. On ne peut accuser les jésuites de contrevenir à ces lois, car ils ne font qu'enseigner dans des maisons d'éducation et des séminaires, et ils le font dans les formes légales.

Pour nous, si nous étions membres de la Cour Royale, nous nous déclarerions incompétens, et nous renverrions la cause à la plus prochaine audience du Parlement, *toutes les chambres assemblées, la cour suffisamment garnie de pairs, qualités posées.*

§ III et IV. *Ultramontanisme et parti-prêtre.*

« L'ultramontanisme pur ne constitue pas en « soi un délit qui puisse être dénoncé ou pour- « suivi, » dit Me Dupin, et nous nous écrierons avec le Journal du Commerce : « Dieu soit loué ! « on reconnaît que les tribunaux sont sans au- « torité pour sévir contre les doctrines et contre « un esprit ; on renonce aux accusations cons- « tructives, aux procès de tendance, à l'inqui- « sition. »

Mais, continue l'avocat gallican, l'ultramontanisme est coupable s'il passe des opinions dans les actes, s'il se manifeste par des prédications, des écrits, ou des enseignemens publics contraires aux lois.

Ainsi les prêtres omettent-ils l'enseignement de la déclaration de 1682 ; pensent-ils qu'elle n'est qu'une hérésie : ils ne sont pas accusables ; mais s'ils enseignent ou écrivent des maximes contraires à cette déclaration, notamment à l'art. 1er qui intéresse *les droits du Roi, l'indépendance de la couronne*, il y a délit, il y a matière à poursuite.

Mais, sérieusement, croyez-vous, M. Dupin, que la déclaration de 1682 soit encore loi de l'état ? examinons.

Oui, dites-vous, et pour preuve vous citez des anciens arrêts de réglement du Parlement de Paris en date des 29 janvier, 23 juin,

10 décembre 1683, 14 et 20 décembre 1685 : arrêts un peu surannés et qui n'ont pas prescrit contre la raison publique. Vous citez le concordat de 1801 et la loi de germinal an X; que prouvent-ils? que la révolution, qui, dans sa jeunesse avait été tant soit peu débauchée est devenue bigote et inconséquente au temps de sa vieillesse; c'est ce qui arrive à tous les vieux libertins. Quant au décret du 25 février 1810 qui a ordonné une nouvelle promulgation de l'édit de 1682, *comme loi de l'empire*, il ne peut être invoqué qu'autant que l'on prouverait que l'édit de 1682 était encore à cette époque loi de l'état. Et l'on peut dire qu'il avait été abrogé par les art. 10 et 11 de la déclaration des droits de 1791. Mais la Charte vient protester formellement et contre la déclaration de 1682 et contre toutes les lois ou décrets qui auraient tenté de la ressusciter.

Dans l'esprit mystique du christianisme, notre vie n'est qu'un exil sur la terre. C'est de là que nous devons gravir vers le ciel, et cette existence passagère n'est qu'un marche-pied vers l'éternité. Toutes les actions, toutes les pensées auxquelles nous condamne momentanément notre séjour ici-bas, ne sont que des accessoires qui doivent être subordonnés à la grande pensée de tous nos jours et de toutes nos nuits.

Le but de tous les chrétiens, comme individus, étant le bonheur à venir, il s'ensuit que l'organisation sociale doit avoir également ce but pour être en harmonie avec les besoins de la masse des fidèles; c'est-à-dire, que dans le gouvernement qui est comme l'ame des nations, le spirituel doit l'emporter sur le temporel; il doit régler le temporel de sorte qu'il ne soit pas en contradiction avec la fin spirituelle des citoyens ou plutôt des chrétiens.

Si le spirituel doit ainsi organiser le temporel, quels sont les hommes qui doivent se trouver au faîte de l'organisation sociale? Ce sont évidemment ceux auxquels le ciel, par faveur spéciale, départit plus particulièrement ses lumières et sa grace, flambeaux seuls capables de nous conduire sur cette terre de ténèbres.

Si ces hommes pour ainsi dire inspirés du ciel, et qui ont *charge d'ames*, dédaignent de s'occuper des détails minutieux, ils ne peuvent cependant, sans être infidèles à leur mandat céleste, sans compromettre le salut des ames, abdiquer une surveillance toute-puissante sur les actes de leurs délégués temporels. Si on leur conteste ce pouvoir, leur devoir est de protester. Dans la religion catholique, le pape selon les uns, les conciles selon les autres, sont nos maîtres spirituels. Ils ont donc le droit, le devoir même de dominer sur le temporel.

Ce raisonnement peut ne pas être gallican, mais il est logique. Adoptez le christianisme, le catholicisme surtout, et vous êtes forcé par la logique, rebelle ou non aux lois de l'état, d'arriver à ces résultats.

Si ces résultats sont la conséquence rationnelle, en théorie, d'une pensée première, vous ne pouvez les interdire en présence d'une Charte qui proclame la liberté de la pensée, à moins que la Charte consente à ce que l'on pense, pourvu qu'on ne raisonne pas.

Si ces résultats sont la conséquence rationnelle du catholicisme, vous ne pouvez les proscrire en présence d'une Charte qui reconnaît la liberté des cultes, des pensées religieuses, des dogmes théologiques, et de leurs conséquences logiques, qui reconnaît spécialement le catholicisme comme religion de l'état, et qui ne peut, sans une contradiction presque hérétique, proscrire des conséquences orthodoxes.

Concluons donc que la Charte en proclamant la liberté des cultes et de la pensée, a permis de penser et de raisonner, même en matière de culte; que toutes les conséquences rationnelles des dogmes religieux peuvent être énoncées, écrites; par conséquent que la déclaration de 1682 qui impose au catholicisme des restrictions contraires à une saine logique est abrogée virtuellement par la Charte.

Ainsi tant que l'on ne fera que proclamer, qu'écrire théoriquement que le clergé, les conciles ou le pape sont supérieurs aux rois, même sous le rapport temporel, on ne fera que raisonner logiquement en partant d'un principe que les rois chrétiens n'oseraient contester, celui de la supériorité de la vie spirituelle sur la vie matérielle ; on ne fera qu'user du droit de la pensée appliqué aux cultes ; on ne sera susceptible d'aucune peine.

Il n'y a de différence entre l'esprit ultramontain et l'esprit-prêtre que dans l'attribution de l'autorité spirituelle et prédominante que les uns réclament pour le pape, les autres pour le clergé en général. Ainsi nos raisonnemens s'appliquent également à ces deux opinions théologiques.

Mais si de la théorie on veut passer aux faits, c'est au gouvernement à se défendre au moyen des lois répressives des actes. Nous indiquerons tout à l'heure des moyens préventifs.

Le remède employé par M. de Montlosier ne peut avoir aucun résultat, puisque, comme nous l'avons vu, la congrégation, les jésuites, les ultramontains, le parti-prêtre ne sont pas condamnés par la législation actuelle : ils le seraient, que l'exécution d'une pareille législation est impossible.

Cependant les bons citoyens sont effrayés des attaques d'un ennemi qu'ils rencontrent partout, et qui dispose presque entièrement, pour arriver à son but, des forces immenses de l'administration. Sous l'influence de si justes alarmes, on serait porté à se rattacher au remède proposé par M. de Montlosier, et approuvé dans la consultation à laquelle nous répondons; mais il en est de plus sûrs et de plus efficaces.

Vous vous plaignez que l'enseignement public est envahi par le parti jésuitique : réclamez du gouvernement la liberté de l'enseignement; que chacun puisse ouvrir des écoles sans la permission de l'évêque, sans la tolérance du ministre des affaires ecclésiastiques. Lorsque le budget ne leur fournira plus de subventions, lorsque la fortune, les places, l'académie ne seront plus le prix d'une éducation jésuitique, leurs écoles seront désertes.

Vous vous plaignez que les églises retentissent de leurs déclamations anti-sociales : réclamez le droit d'ouvrir un club à côté de leur église; que le bon sens et la liberté aient aussi leurs missionnaires.

Vous vous plaignez qu'ils ne vous baptisent pas, qu'ils ne vous marient pas, qu'ils ne vous enterrent pas, selon votre bon plaisir : si vous êtes catholiques comment osez-vous appeler de leur décision qui doit être souveraine pour vous; et si vous ne l'êtes pas, de quel droit tant de bruit?

Vous vous plaignez des forces qu'ils tirent de leur association : associez-vous.

Vos magistrats dépendent des coteries : faites en sorte qu'ils dépendent du public.

« Leur cupidité dévore les contribuables; « veillez sur le budget et sur l'emploi des deniers « publics. Ils asservissent le gouvernement en « se glissant dans le pouvoir législatif; arrêtez-« les aux élections, et réclamez la réforme d'une « loi faite par eux et pour eux. Ils s'emparent « de l'éducation publique et pervertissent vos « enfans; prenez-vous-en au système universi-« taire, l'œuvre la plus artificieuse et la plus « funeste du despotisme. L'espionnage dont ils « vous obsèdent met le trouble dans vos fa-« milles, tâchez de détruire les instrumens que « leur fournit la police. Secondés par les agens « du pouvoir civil ils vous inquiètent et vous « violentent, protestez contre l'injustice, oppo-« sez vos droits à l'arbitraire. Vous ne désarme-« rez les jésuites qu'en leur ôtant la ressource « des abus qui, dans tous les temps, a fait leur « puissance. (*Journal du Commerce*, 6 août 1826.)

Objectera-t-on la difficulté d'obtenir le résultat que nous proposons? Mais est-il plus facile d'obtenir la condamnation des jésuites, et surtout l'exécution de l'arrêt s'il était rendu?

Si vous ne réussissez pas en demandant la condamnation des jésuites, vous restez sous leur domination sans pouvoir invoquer des principes de liberté que vous avez reniés ; si vous réussissez, vous n'en serez que plus sûrement privés de la faculté de vous associer pour résister aux usurpations.

« Prenez-y garde, les principes sont ici le « meilleur moyen pratique. Dabord ils ne faus« sent point l'opinion publique ; ils animent « et poussent à prendre parti dans la querelle « toute l'élite de la société, qui hausse les épau« les lorsqu'on lui parle de gallicanisme, de « déclaration de 1682, et d'arrêts parlemen« taires ; ils passionnent pour la cause de la li« berté toute cette jeunesse appelée à la con« quérir un jour. » (*Le Globe*, 8 août 1826.)

Fait et délibéré à Paris, le 10 août 1826.

J. F. DUPONT fils, V. GUICHARD, avocats.

Nota. MM. les avocats qui seraient de l'avis des consultans ou qui adoptant des solutions différentes relativement à la loi positive, tomberaient d'accord sur les principes généraux, sont priés d'adresser leur adhésion soit totale, soit partielle, à M. Dupont fils, rue des Vieux-Augustins, n° 27 ; ou à M. Guichard, rue des Jeûneurs, n° 13. La liste de leurs noms sera publiée.

Imprimerie de E. Duverger, rue de Verneuil, n° 4

www.ingramcontent.com/pod-product-compliance
Ingram Content Group UK Ltd.
Pitfield, Milton Keynes, MK11 3LW, UK
UKHW021040180726
13838UKWH00004B/1911